MÁS ALLÁ DE LA TIERRA
VIVIR EN OTRO PLANETA

Daniel R. Faust

Traducción al español:
José María Obregón

PowerKiDS press & Editorial Buenas Letras™

New York

Published in 2009 by The Rosen Publishing Group, Inc.
29 East 21st Street, New York, NY 10010

Copyright © 2009 by The Rosen Publishing Group, Inc.

First Edition

Editor: Joanne Randolph
Book Design: Greg Tucker
Illustrations: Dheeraj Verma/Edge Entertainment

Library of Congress Cataloging-in-Publication Data

Library of Congress Cataloging-in-Publication Data

Faust, Daniel R.
  [After Earth. Spanish]
  Más allá de la tierra : vivir en otro planeta / Daniel R. Faust ; traducción al español, José María Obregón. – 1st ed.
      p. cm. – (Historietas Juveniles. Peligros del medio ambiente)
  Includes bibliographical references and index.
  ISBN 978-1-4358-8471-7 (lib. bdg.) – ISBN 978-1-4358-8472-4 (pbk.)
  ISBN 978-1-4358-8473-1 (6-pack.)
  1. Space colonies–Juvenile literature. 2. Habitable planets–Juvenile literature. 3. Space environment–Juvenile literature. 4. Outer space–Exploration–Juvenile literature. I. Title.
  TL795.7.F3818 2009
  363.34–dc22
                                                    2009003497

Manufactured in the United States of America

CONTENIDO

INTRODUCCIÓN

Durante mucho tiempo, nos hemos preguntado si existe vida más allá de nuestro sistema solar. Además, ahora la gente está viendo otros planetas, e incluso la Luna, como lugares para vivir. ¿A qué se debe que la gente esté considerando vivir en otro planeta? Existen algunas razones por las cuales podríamos tener que ir a vivir en otro planeta, incluyendo la superpoblación.

Pero encontrar otro planeta para vivir no es fácil. Muchos planetas del sistema solar no son buenos lugares para que vivan los seres humanos. En este libro aprenderás dónde podríamos vivir... más allá de la Tierra.

MÁS ALLÁ DE LA TIERRA
VIVIR EN OTRO PLANETA

POR MUCHO TIEMPO, SE HA PENSADO QUE LA TIERRA ES EL ÚNICO LUGAR EN EL QUE LOS HUMANOS PUEDEN VIVIR.

CADA PULGADA (CM) DE LA SUPERFICIE DE LA TIERRA HA SIDO EXPLORADA...

. . . DESDE LA MONTAÑA MÁS ALTA, HASTA EL OCÉANO MÁS PROFUNDO.

ESTE MISMO ESPÍRITU DE EXPLORACIÓN LLEVÓ A CRISTÓBAL COLÓN A DESCUBRIR EL NUEVO MUNDO.

O A LOS PIONEROS AMERICANOS A BUSCAR UN NUEVO HOGAR EN EL OESTE.

E HIZO POSIBLE LA CAMINATA DE NEIL ARMSTRONG EN LA LUNA.

"MUY BUENA PREGUNTA DRA. SÁNCHEZ. ANTES DE HABLAR DE POR QUÉ VIVIR EN OTRO PLANETA, DEBEMOS HABLAR DE LAS NUMEROSAS RAZONES POR LAS QUE QUIZÁ DEBAMOS DEJAR NUESTRO PLANETA".

"UNA RAZÓN ES LA CONTAMINACIÓN DEL AIRE CAUSADA POR LOS AUTOMÓVILES".

"LA **DEFORESTACIÓN** RESULTARÁ EN LA **EXTINCIÓN** DE MUCHAS **ESPECIES** DE PLANTAS Y ANIMALES. ADEMÁS CONTRIBUIRÁ AL LLAMADO **EFECTO INVERNADERO**".

"EL CALENTAMIENTO GLOBAL PODRÍA CAUSAR EL DERRETIMIENTO DE LOS CASQUETES POLARES. ESO AUMENTARÍA EL NIVEL DE LOS OCÉANOS INUNDANDO MUCHAS CIUDADES COSTERAS".

"DE HABER UNA **GUERRA NUCLEAR**, LOS RAYOS DEL SOL SE PODRÍAN BLOQUEAR, CAUSANDO UN NUEVO PERÍODO GLACIAR".

"MUCHO DE LO QUE NOS DA LA TIERRA, COMO LA COMIDA, EL AGUA Y EL AIRE, LO DAMOS POR UN HECHO. PERO NECESITAMOS DE ESTAS COSAS PARA VIVIR".

"NO HEMOS SIDO BUENOS **ADMINISTRADORES** DE NUESTRO PLANETA. ES IMPORTANTE HACERLE ENTENDER A LA POBLACIÓN LOS PELIGROS QUE ENFRENTAMOS DE SEGUIR DESTRUYENDO NUESTRO PLANETA".

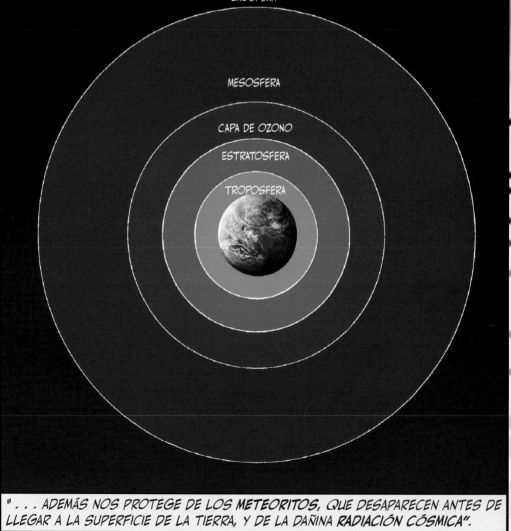

"INCLUSO PARA ASTRONAUTAS ENTRENADOS, ES MUY DIFÍCIL VIVIR Y TRABAJAR EN ZONAS SIN GRAVEDAD".

"TODO LO QUE NO ESTÁ ATADO, SIMPLEMENTE FLOTA EN EL AIRE".

"ALGO TAN SENCILLO COMO COMER PUEDE SER MUY DIFÍCIL CUANDO LA COMIDA FLOTA POR TODA LA HABITACIÓN".

"LA EEI HA DEMOSTRADO QUE LOS PAÍSES PUEDEN TRABAJAR EN EQUIPO".

"PERO LA PREGUNTA DE SI ALGÚN DÍA ENCONTRAREMOS UN PLANETA SIMILAR A LA TIERRA, EN EL QUE SE PUEDA DESARROLLAR LA VIDA, SIGUE SIN RESPUESTA".

"LAS **SONDAS** VOYAGER 1 Y 2 NOS AYUDAN A ENTENDER MÁS SOBRE OTROS PLANETAS DEL SISTEMA SOLAR".

"HACIA FINALES DEL SIGLO XX SE LANZÓ EL TELESCOPIO ESPACIAL HUBBLE".

"EL HUBBLE NOS HA DADO MUY BUENA INFORMACIÓN SOBRE EL ESPACIO".

"LA BÚSQUEDA DE UN NUEVO HOGAR SE REALIZA AHORA MISMO".

"LA RESPUESTA MÁS SENCILLA SERÍA IR A OTRO PLANETA DE NUESTRO SISTEMA SOLAR".

NEPTUNO
URANO
SATURNO
JÚPITER
MERCURIO
VENUS
TIERRA
MARTE

"MERCURIO, COMO LA LUNA, NO TIENE UNA ATMÓSFERA PROTECTORA".

"ALGUNA VEZ SE PENSÓ QUE VENUS ERA EL GEMELO DE LA TIERRA".

"A MARTE SE LE DICE EL PLANETA ROJO".

"Y PUEDE ALCANZAR TEMPERATURAS DE HASTA 800° F (427° C)".

"PERO SU ATMÓSFERA ESTÁ CONFORMADA CASI EN SU TOTALIDAD DE DIÓXIDO DE CARBONO, QUE CAUSA EL EFECTO INVERNADERO EN LA TIERRA".

"AL IGUAL QUE VENUS, MARTE TIENE DIÓXIDO DE CARBONO EN LA ATMÓSFERA, PERO LOS CIENTÍFICOS CREEN QUE LA SUPERFICE DE MARTE CONTIENE AGUA CONGELADA".

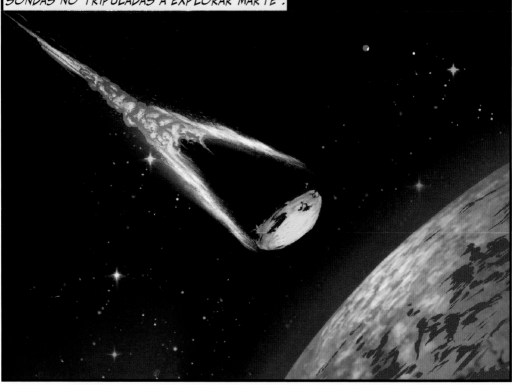

"LAS DOS SONDAS LLAMADAS, SPIRIT Y OPPORTUNITY, BUSCARON TIERRA Y ROCAS EN LA SUPERFICIE DE MARTE".

"SPIRIT Y OPPORTUNITY ENCONTRARON MUESTRAS DE QUE EN MARTE EXISTIÓ AGUA".

LA PREGUNTA ES, ¿CÓMO ESTABLECER UNA COLONIA HUMANA EN MARTE?

"ALGUNOS CIENTÍFICOS SUGIEREN LA UNIDAD HABITACIONAL ESPACIAL, UNA NAVE CAPAZ DE TRANSPORTAR A CUATRO O CINCO PASAJEROS Y SERVIR COMO SU HOGAR Y LABORATORIO".

"OTROS SUGIEREN EL TRANSHAB, O 'HÁBITAT DE TRÁNSITO".

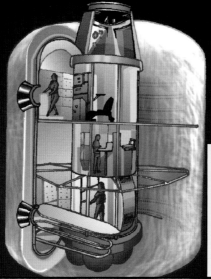

"EL TRANSHAB PUEDE SER LANZADO, DOBLADO E INFLADO EN ÓRBITA, PARA PROVEER UN ESPACIO PARA VIVIR Y TRABAJAR EN EL VIAJE DE OCHO SEMANAS A MARTE".

"EL PRIMER PASO, POR SUPUESTO, ES ENCONTRAR A LOS CIENTÍFICOS QUE QUIERAN HACER EL VIAJE. LOS PRIMEROS VIAJEROS A MARTE TENDRÁN UNA MISIÓN SIMILAR A LA DE LOS COLONOS QUE SE AVENTURARON AL OESTE DE LOS ESTADOS UNIDOS".

"ESTOS TRATARÁN DE DOMAR UN ÁSPERO LUGAR".

"SIN CONTACTO CON SUS FAMILIAS Y AMIGOS EN LA TIERRA".

"TODAS LAS NACIONES DEBEN SOLUCIONAR SUS DIFERENCIAS EN LUGAR DE SEGUIR AMENAZÁNDOSE CON COMENZAR GUERRAS Y USAR ARMAS NUCLEARES".

"EN LAS ESCUELAS DEBEMOS ESTUDIAR FORMAS DE PROTEGER EL AMBIENTE. LOS NIÑOS Y NIÑAS PUEDEN HACER MUCHO POR EL PLANETA".

"EN CASA TAMBIÉN HAY MUCHO POR HACER. PODEMOS RECICLAR Y APAGAR LAS LUCES CUANDO NO LAS USAMOS".

"Y PODEMOS IR A LA ESCUELA EN BICICLETA EN LUGAR DE QUE NUESTROS PADRES NOS LLEVEN EN COCHE".

ÈSE ES UN BUEN PUNTO.
AUNQUE LA VIDA EN OTRO PLANETA
PARECERÍA UNA IDEA EMOCIONANTE,
AÚN HAY MUCHO POR HACER,
Y DEBEMOS CUIDAR EL
PLANETA EN EL QUE VIVIMOS.

"DEBEMOS HACER QUE TODOS SEPAN LO
IMPORTANTE QUE ES PROTEGER EL AMBIENTE".

"SI QUEREMOS CONSERVAR NUESTRO
HOGAR EN LA TIERRA, TODOS DEBEMOS
HACER NUESTRA PARTE PARA SALVARLA".

FIN

DATOS SOBRE EL SISTEMA SOLAR

1. Los planetas lejanos son Júpiter, Saturno, Urano y Neptuno.

2. Los planetas lejanos están formados principalmente por gases, como hidrógeno y helio.

3. Los planetas cercanos son Mercurio, Venus, Tierra y Marte.

4. Mercurio, Venus, Tierra y Marte están formados por rocas y metales.

5. Las temperaturas en Mercurio varían en gran medida. La cara que da al Sol puede alcanzar los 800° F (427° C), mientras la otra cara puede enfriarse hasta los -297° F (-183° C).

6. Mercurio, Venus, Marte, Júpiter y Saturno se pueden ver a simple vista. Para ver los otros planetas se necesitan herramientas especiales, como los telescopios.

7. Realmente no existe un buen lugar para vivir en el sistema solar. Sin embargo, las mejor posibilidad se encuentra en Marte donde se cree que existe agua.

8. La Tierra y el sistema solar tienen aproximadamente cuatro mil millones y medio de años de edad.

9. Urano no fue descubierto hasta 1781. Neptuno fue visto por primera ocasión en 1846.

10. Pluto se consideraba un planeta. Ahora los científicos lo consideran un planeta enano.

GLOSARIO

ADMINISTRADORES, AS (los, las) Personas que se encargan de cuidar a algo o a alguien.

DEFORESTACIÓN (la) Método en el que cortan árboles.

DRÁSTICO Extremo.

EFECTO INVERNADERO (el) Cuando los gases de la atmósfera quedan atrapados cerca de la superficie de la Tierra.

EXTINCIÓN (la) Cuando algo deja de existir.

GRAVEDAD (la) Fuerza natural que causa que los objetos se muevan al centro de un cuerpo celeste, como la Tierra.

GUERRA NUCLEAR (la) Una guerra que usa armas muy poderosas.

METEORITOS (los) Rocas provenientes del espacio exterior que chocan con la superficie de la Tierra.

RADIACIÓN CÓSMICA (la) Rayos de energía que vienen de afuera del sistema solar.

RECURSOS NATURALES (los) Cosas que existen en la naturaleza y que son usadas por la humanidad.

SONDAS (las) Naves que se envían a estudiar un ambiente antes de envíar a seres humanos.

ÍNDICE

PÁGINAS EN INTERNET

Debido a los cambios en los enlaces de Internet, PowerKids Press mantiene una lista de sitios en la red relacionados con el tema de este libro. Esta lista se actualiza regularmente y puede ser consultada en el siguiente enlace:

www.powerkidslinks.com/ged/masalla/